FILOSOFIA DE MENINO

Adriana Morgado

FILOSOFIA DE MENINO

ilustração
Miguel Carvalho

Copyright © de texto *by* Adriana Morgado
Copyright © de ilustração *by* Miguel Carvalho
Copyright © 2019 desta edição *by* Zit Editora

Coordenação editorial: Laura van Boekel
Editora assistente (arte): Juliana Pegas
Revisão: Carolina Rodrigues e Cristina da Costa Pereira

CIP-BRASIL. CATALOGAÇÃO NA PUBLICAÇÃO
SINDICATO NACIONAL DOS EDITORES DE LIVROS, RJ

M845f

    Morgado, Adriana
      Filosofia de menino / Adriana Morgado ; ilustração Miguel Carvalho. - 1. ed. -
    Rio de Janeiro : Zit, 2019.
      40 p. : il. ; 27 cm.

      ISBN 978-85-8313-044-4

      1. Contos. 2. Literatura infantil brasileira. I. Carvalho, Miguel. II. Título.

19-56567   CDD: 808.899282
                      CDU: 82-93(81)

Leandra Felix da Cruz - Bibliotecária - CRB-7/6135
17/04/2019 17/04/2019

Registrado no Escritório de Direitos Autorais da Fundação Biblioteca
Nacional, Ministério da Educação e Cultura. Proibida a reprodução total ou
parcial desta obra sem permissão expressa do Editor (Lei nº 5.988, de 14
de dezembro de 1973).

Todos os direitos reservados.

[marca do Grupo Editorial Zit]
Av. Pastor Martin Luther King Jr, 126 | Bloco 1000 | Sala 204
Nova América Offices | Del Castilho
20765-000 | Rio de Janeiro - RJ
T. 21 2564-8986 | editora@zit.com.br
grupoeditorialzit.com.br

Impresso no Brasil/*Printed in Brazil*

Para minha neta Maitê,
pedacinho que faltava, fornada mais recente
dessa família grande, alegre e múltipla.

Para as minhas avós, Alice e Aurora, fornos iniciais.

Para vovó Dalila,
que com sua doçura infinita fez do amor o forno
fundamental.

Adriana

Aos meus sobrinhos, Davi e Theo, por devolverem a
energia fresca e contagiante às nossas vidas.

Miguel

Andava por um canto assim pensativo, como quem havia encasquetado com ideia que cansa a cabeça, mas não sai. Nem parecia o mesmo menino peralta e falante. Vivia calado. A ideia que lhe atormentava a cabeça nem era daquelas que se divide, que se troca com os outros de sua idade: era ideia de menino só. Por isso mesmo andava pelos lugares como uma sombra pequena e distante.

A mãe já havia percebido o sujeitinho ali, meio perdido em seus pensamentos, "falando com o vento", como diziam os mais velhos. Experiente, ela sabia que este era um daqueles momentos de solidão necessária.

— Tá cismado, deixa o moleque — dizia ao marido.

E, desse jeito, foram-se passando os dias. Muzenza — este era o nome do menino — ia pegar água no açude e seus pés, mesmo tocando firmemente o chão, pareciam pisar as nuvens. Levava as cabaças para encher e, muitas vezes, retornava com as ditas vazias, sem sequer um pingo d'água!

A mãe dava um daqueles seus sorrisos maliciosos e dizia com calma:

— Eita moleque avoado! Que passa contigo? Vai lá e me enche direito estas vasilhas pois que preciso de fazer almoço! Humm...

E ria consigo mesma da distração do filho.

O tempo foi passando e Muzenza parecia ainda não ter dado conta de resolver aquela sua filosofia. Passava horas a falar com os sopros do vento, a cheirar a areia de outros mundos que os ventos da caatinga traziam de longe.

Esperto, Muzenza sabia sentir muitas coisas diferentes. Aprendera com seu avô paterno a perceber as mudanças que a natureza expressava nas diferentes estações do ano; também com seu avô construíra um relógio de sol sobre uma grande pedra que ficava no caminho da roça de mandioca.

Sua mãe era neta de escravos e
seu pai, de índios Tapuia. Muzenza
tinha muito o que aprender sobre a
natureza de sua terra, mas já sentia o cheiro
da chuva que caía no litoral e que, no entanto,
ali era tão rara que tinha gente que vivia uma
vida inteira e não via um pingo que caísse
daquele céu na terra! Mas Muzenza sabia sentir
seu cheiro e, por isso, conseguia muito bem
imaginar como seria uma chuva, um chuvaréu,
uma tempestade!

Sabia disso também porque era um menino curioso e apaixonado por ouvir as histórias que os mais velhos contavam enquanto fumavam seus cigarros de palha. Sentava-se perto deles e escutava. Fechava seus olhinhos morenos e ficava a imaginar, a colorir com as palavras que ouvia, sem giz ou canetinha, as folhas em branco de seus pensamentos. Imaginava tantos mundos!

E, assim, desse jeito meio solto e muito simples,
iam se criando na sua cabeça de menino, as imagens que
alegravam seus dias e suas noites, sua riqueza interior.
Riqueza incapaz de ser medida e que jamais alguém lhe
poderia roubar. Assim ia crescendo o pequeno Muzenza.
Suas ideias, seus pensamentos, suas filosofias de menino

Mas e aquela tal filosofia não resolvida? Pois é. Bem que chegou um dia em que o menino, cansado de cismar, chegou assim de supetão para a mãe e disse, sem ponto, sem vírgula, sem um pedacinho de pausa que a salvasse da pergunta fatal:

— Escuta, como é que se *fornam* os bebês?

— Hã? — devolveu a mãe, meio zonza.

— Eu só queria saber como se *fornam* os bebês!

A mãe respirou. Ele finalmente queria saber sobre os bebês. Afinal, revelara o motivo de tanta conversa com o vento.

— Então você quer saber como se formam os bebês, certo?

— Não, mãe. Quero saber como se *fornam*.

— Formam, Muzenza. Como os bebês se FORMAM!

— Como se formam eu já sei. Quero saber como se *FORNAM*!

— Sabe? Como assim? Como sabe? — replicou a mãe surpresa.

E o menino foi explicando devagar e pausadamente, como se falasse a uma criança:

— Os bebês são como umas flores miúdas que se preparam para fazer a festa das flores no alto das árvores. Precisam de virar flor, coisa que leva tempo, mas os bebês não têm a árvore para dar alimento e fazer com que eles cresçam. Então, é para isso que entram na barriga da mãe, entram para se formar, ir crescendo até que estejam de bom tamanho para sair e continuar a crescer aqui fora. Isso já sei e já reparei bem, que não sou besta nem nada! Mas ainda não consegui foi entender como se *fornam*. E olha que já matutei muito! Como que entram no forno da barriga? Porque é forno, não é? Pensa só: se quero comer beiju, tenho que botar no fogo a farinha, esquentar, esperar ela amolecer pra juntar os grãozinhos e ficar macio de eu comer. A barriga tem um fogo que a gente não vê, que fica de dentro. Do lado do avesso da mãe. É por isso que abraço de mãe é tão bom que esquenta a gente, porque a mãe tem o fogo do lado de dentro, entende? Por isso, por esse fogo de cozer os bebês é que eles devem de ir para a barriga. Pois, se ela é fechada, é forno. Então os bebês se *fornam* lá, mãinha!

Vão esquentando do calor de se preparar pra nascer, se cozendo. Cozidos, prontinhos, saem de lá na mão das velhas que sabem tirar eles: as parteiras. Agora me diga, como se *fornam*? Como que entram lá?

Assustada da sabedoria do filho, boba de sua poesia, a mãe buscou bem dentro de si a resposta. Parou um tempo. Não sabia o que dizer. Desta vez foi ela quem ficou a falar com o vento, a pedir ajuda, pois sabia que esta não era — nem de longe — uma pergunta fácil: era uma filosofia de menino, e ela não podia estragar tudo! Teve medo, teve susto. Teve até vontade de inventar coisas malucas que pudessem adiar aquele crescimento, aquele tornar-se homem de seu filho.

Mas não podia mentir e sabia disso. Então buscou a resposta mais honesta que conhecia:

— Quem coloca os bebês lá dentro, filho, é o vento.

— O vento???!! — assustou-se um Muzenza incrédulo.

— Sim, ele mesmo. O vento. Não qualquer vento, Muzenza. Mas um em especial. É o vento do amor. Um vento de tempestade, de temporal destes que andam em falta por aqui, mas que quando caem fazem a lavoura farta. Fazem o milho brotar a estação toda sem que precise chover mais nunca naquele ano. É chuva de vento. Um vento que apaixona o homem da mulher e a mulher do homem. E os dois dançam e se namoram. Fazem uma dança especial, dança de amor. É uma beleza, filho! Daí é nesta tempestade de amor de homem e mulher que os bebês se *fornam*, como você queria saber.

O menino entendeu, mas não por completo.
Foi necessário ainda um bocado de tempo para
que compreendesse as palavras que ouvira.
Ele muitas vezes precisou pensar novamente
naquele assunto.

E foi assim que, sem
perceber, Muzenza cresceu.
Não de uma só vez, nem de
uma hora para outra.
Ele cresceu um pouco.
Mesmo quando já era
bastante grande — até
mesmo adulto — ele pensou
naquele dia e na conversa
que tivera com sua mãe.
E, cada vez que repensava,
entendia um pouco
mais — ou um pouco
diferente — aquela
história dos bebês,
e crescia.

Crescia nos seus pensamentos, na sua
forma de ver e de entender o mundo.
Porque mesmo um homem bem grande
tem as suas filosofias.

Agradecimentos

À Gabi, já que essa história nasceu por culpa dela, que, aos seis anos, vendo a mãe barriguda e esperando pelo nascimento da Lara, me fez a fatídica pergunta:

— Ô, mãe, como se *fornam* os bebês?

Daí por diante, foram tantas gargalhadas e tantas explicações, que só mesmo muita filosofia para dar conta de entender tudo o que havia na cabeça daquela menininha!

Ao Miguel, por saber contar em imagens o nosso Muzenza.

E, finalmente, à Laura por trazer tudo isso pra realidade.

Foto: arquivo pessoal

Adriana Morgado

Nasci em 1968, numa pequena cidade no sul dos Estados Unidos. Cedo vim para o Brasil, onde viviam meus avós, tios e primos. Cresci entre o Norte, Nordeste e Sudeste. Conheci todo tipo e todo jeito de brincadeira que havia nesses lugares. Fui uma menina da cidade e também do mato. Comecei a gostar de ler nas revistinhas que meu avô comprava no jornaleiro da esquina. Depois, pulei para os livros. Gostei tanto, que virei professora.

Mas, no fundo, o que eu gosto mesmo é de ser aluna. Estudei História, Psicologia e Medicina. Sou vegetariana desde pequenininha e amo nadar no mar. Como diz o meu filho Guilherme, tenho vários medos e infinitas coragens.

Escrevo porque isso alegra o meu coração. Escrevo para crianças porque acho que elas são a coisa mais linda e que a infância é um lugar que existe dentro de todo mundo.

Este é meu segundo livro. O primeiro, também pela Zit, chama-se *A caixa de Zahara*.

Foto: arquivo pessoal

Miguel Carvalho

Gosto de contar histórias. Assim, falando mesmo. E falo muito! Vai ver por isso resolvi aprender a contar histórias desenhando. Assim fico quieto. Depois achei tudo quieto demais e fui contar histórias no teatro. E no circo também. Contei e perdi o medo. Mas descobri que gosto mesmo é de contar histórias sem falar nada. Já viu disso? Pois tem. Hoje eu conto história de tudo quanto é jeito. Faço até pesquisa pra contar de jeitos diferentes! Pesquisei bastante, hoje dou até aula. Quando gosto é assim mesmo: cismo e vou em frente... Sou graduado em Desenho Industrial, habilitação em Programação Visual pela Escola de Belas Artes da UFRJ, e mestre em Design pela PUC-Rio, com pesquisa voltada ao universo dos livros infantis que narram histórias unicamente por imagens. Fiz o curso de pós-graduação Especialização em Literatura InfantoJuvenil pela UFF. Tenho dez livros publicados como autor/ilustrador. Faço cinema de animação, circo e teatro. Atualmente sou professor de ilustração, animação e *storyboard* do Departamento de Artes e Design da PUC-Rio e membro do Laboratório de Design de histórias na mesma instituição.

grupo editorial zit

Primeira edição: agosto de 2019
Papel de capa: cartão triplex 300g/m²
Papel de miolo: couché matte 150g/m²
Impressão: Zit Gráfica e Editora